Elogios para En una caja de cris

En una caja de cristal un libro que abre los ojos, y ofrece una visión de lo abrumadoramente frágil que tiende a ser la vida con sus inevitables lecciones sobre el amor, el odio, la soledad, el desamor, y la confusión. En este libro hay versos que te hacen detenerte a meditar en cada metáfora. Aquí hay un contenido esperanzador y lleno de tacto. Veras nos invita a ver que podemos ser triunfadores si elegimos vernos a nosotros mismos como los héroes de nuestras narrativas.

En una caja de cristal te acoge en la piel del autor para una crear una comunión llena de empatía, en el reflexionas sobre la angustia persistente, las cicatrices y las secuelas producidas por miedo o desesperación.

–Lisa Gil- Ventura, escritora y autora del libro *¿Con qué papel me envuelves la luna?*

Hay una energía detrás de cada poeta, una pulsión que les motiva a dejar la sangre en la página, una acción que no siempre trae tranquilidad como resultado, y es que para mostrarse sin poses hace falta valentía y vocación. Esa energía milenaria se ha apoderado de Kimberly Veras provocando que nos muestre su camino, miedos y anhelos. Estos textos son un gesto arriesgado y bondadoso de Kimberly quien se ha desnudado, abierto sus brazos y mostrado las marcas de su pasado, los deseos de su presente y las señales de su futuro.

En estos poemas se revelan la fuerza, la energía y la vocación de una joven con todo un trayecto escritural por delante…

–Frank García, escritor, poeta y activista LGBTIQ+

En una caja de cristal de Kimberly Veras es una cautivadora exploración del amor, la pérdida y el espíritu humano. El libro se adentra en las emociones que guardamos en nuestro interior, aborda miedos, desamor y sanación. A través de una prosa elocuente, el libro captura de manera conmovedora la esencia de encontrar esperanza, aceptación y consuelo en medio de la turbulencia de la vida. Es un testimonio de la resistencia del espíritu humano, Nos recuerda que las cicatrices cuentan historias y que todos enfrentamos la batalla de descubrirnos a nosotros mismos.

–Nilsa López, autora de la trilogía poética *Love is not a magic trick*

En una caja de cristal Kimberly Veras llega hasta el fondo de tus entrañas y saca las emociones con las que nunca pensaste que te podrías identificar. Veras utiliza la nostalgia, el desamor y la traición con tanta deliberación que no tienes otra opción mas que confrontar tus propios sentimientos, de la forma en la que ella los enfrentó. Kimberly te transporta a tu primer dolor e inicia el viaje con una simple pregunta: ¿te atreves a sentir todas esas emociones otra vez?

–Yariana Torres, poeta y autora del libro *Halfway There*

En una caja de cristal

Parte 1

Kimberly Veras

E-mail: veraskimberly01@gmail.com
Instagram: @kimi_veras01

Diseño de portada: Ian Reynoso y Roxana Calderón
Ilustraciones interiores: Ian Reynoso
Editado por: Carisa Musialik y Roxana Calderón

Índice

Este libro está dedicado para ti.

Espero y te sientas menos solo.

P.D. Yo tampoco sé qué estoy haciendo.

Me siento como un pájaro que le tiene miedo a volar, y con alas que no puede usar. Nació para ser dueño del cielo y se quedó en el árbol, con miedo.

Del Amarte

Del amar aprendí que existen maneras de odiar y no querer dejar a esa persona por una simple costumbre.

Del amar aprendí que, a veces, la soledad te acompaña y no es por culpa de esa persona que no puede llenar tu vacío pero por ti que no sabes cómo ser tu propia compañía.

Del amar aprendí que no todos los para siempre duran al amanecer, muchos mueren en el atardecer.

Del amar aprendí que no todos aman.

Del amar aprendí que puedes necesitar una cosa y querer la otra. Del amar comprendí que no necesito estar con alguien para ser feliz; tú creas tu propia felicidad.

Del amar quise buscarle un final al mar pero comprendí que, como muchas relaciones, este no tiene fin.

Del amar sin barreras aprendí que no todos los amores valen la pena.

Del amar aprendí sobre el corazón roto.

Del amar conocí las mariposas en el estómago.

Del amar aprendí a dejar ir. Del amar entendí que no puedes vivir sin amar.

Del amarlo soñé con tener un cuento de hadas, y al amarme entendí que solo necesito una historia.

Me creé una historia de amor dentro de mi miseria, la cual no se fue cuando llegó. El amarlo me enseñó fragmentos de la vida que nunca hubiese aprendido estando sola. Amé prometiendo ser aquella persona que estaría ahí en las buenas y en las malas. Con él aprendí que aunque lo amara, tenía que dejarlo ir para liberar mis alas y aprender a volar.

El amarlo me hizo ignorar una realidad no perfecta y vivir ausente en la realidad donde él no estaba. El amarlo nunca se trató de quién amaba más pero de quien no se marcharía.

El amarlo, ¿qué fue? ¿Cuál fue aquella travesía sin destino final a la cual embarqué aquel día?

El amarlo queriendo más de lo que el amor mismo ofrece fue lo que me destruyó.

El amarlo me enseñó cómo el tacto físico puede encender llamas donde pensabas que no habría fuego.

El amarlo fue una combinación de adrenalina la cual me llevaba al extremo y me dejaba caer en picada.

El amarlo me hizo querer tener noches más largas.

El amarlo fue y siempre será aquella historia que perdurará en mí.

El dejar de amarlo fue tanto su culpa como la mía, dos locos enamorados sin saber lo que era el amor, eso fuimos, y nuestra perdición fue que nuestra locura no tenía cura. Me mantenía creyendo en aquel amor que llegó con él y esperé que se quedara conmigo pero tomó un barco y embarcó a un lugar donde él no quería estar conmigo. Amarlo fue entre muchas de las cosas que he hecho en esta vida una de las mejores.

El amarlo me enseñó a amarme.

El amarlo me sanó de una enfermedad invisible de la cual pensaba que no iba a escapar.

Él, quien amaba con locura, terminó dejándolo todo por amor, por un sueño que se escapa por la ventana, el cual él se fue a alcanzar sin mí.

Yo aprendí que si lo amaba debía dejarlo ir porque si me amara no me hubiese dejado; me hubiera llevado con él. Ambos locos de amor sin saber qué es el amor y cómo mantenerlo. El amarlo fue inocente y feroz. El entender cómo funcionaba el amarlo me ayudó a seguir adelante y olvidarlo.

Las últimas palabras

El miedo dijo: ya me puedo ir, sigue pedaleando.
El dolor dijo: Nunca quise lastimarte, solo fui tu compañía hasta que creciste sin mí.
El tiempo dijo: Tanto que duraste enfocada en el ayer, y los recuerdos del hoy se te escapan conmigo.
El enojo dijo: respira, llora, grita pero déjame salir.
El pasado dijo: ya fui y nunca seré pero en mí viven tus luchas.
El futuro dijo: aún te espero.
El sueño dijo: no te rindas aún.
La esperanza dijo: ya estás cerca de la meta.
El corazón dijo: seguimos con vida.
La paz dijo: viste que sí podías respirar sin un nudo en la garganta.
Dedicas tus lágrimas a la persona, que junto con tu corazón, tratas de encontrar. Si se llevó tu felicidad, ¿por qué te dejó con todo lo demás?

Llegas a pensar que para curarte necesitarán quitarte los recuerdos, porque estos volverán a abrir la herida. Todos somos rocas que al chocar con otras, a veces, creamos chispas que nos mantendrán con vida, pero suele pasar que dos chocan y crean un incendio.

Enamórate de alguien que vea el mañana en tus ojos, el hoy en tus brazos, y el ayer, como la casualidad más bonita.
No aceptes amor a medias que cuando terminan te dejan con el dolor completo. A veces, nos dejan colgando sin decirnos que podemos seguir pedaleando, que solo fueron compañía y que ya se van, que debemos mirar hacia delante, que podemos respirar, llorar y gritar, que nos esperan, que no se van a rendir en nosotros, que ya estamos cerca de la meta, que aún estamos vivos, y que sí podemos respirar solos.

Las últimas palabras de tus miedos deberían ser: detente, ya nadie te persigue.
Tu dolor dijo: te costó, pero sobreviviste.
Tu tiempo dijo: viaja conmigo hacia el mañana.
Tu enojo dijo: sonríe, ya soy libre.
Tu pasado dijo: sabía que lo lograríamos.
Tu futuro te pregunta: ¿estás lista?
El sueño dijo: ya llegaste, pero sigue luchando.
La esperanza dijo: aposté por ti.
El corazón dijo: fuiste marcada pero no derrotada.
La paz dijo: ya me alcanzaste, no me pierdas.

El proceso de sanar es tan difícil, es como una droga que nunca consumiste pero está consumiendo todo en ti porque son tantas las heridas que no sabes cuál se está curando y cuál aún sigue sangrando.

La soledad

Entre paredes rodeadas de recuerdos, los cuales ya no lo incluyen, sientes el aire más cargado, y a las paredes más cerca. Puedes decir que sientes por primera vez aquella soledad de la que tanto se habla. Ese sentimiento de ausencia es como chocar contigo mismo más de una vez, y cada vez darte cuenta que todo es lo mismo; una ruina en la que estás atrapada. ¡Oh!, ¿soledad que le hiciste a la presencia de aquella chica que ahora ves desde una foto en la pared?

El estar desamparado es como mirar un día lluvioso y encontrar compañía en la lluvia mientras cae y se convierte en algo más grande que ella misma, y recorre las calles. Ahí te das cuenta de cómo algo tan pequeño como una gota de agua, no necesariamente necesita de otros para mantenerse en movimiento; las demás llegan en el camino.

Es ese vacío en el pecho que te hace recordar la ausencia, y como tu corazón ahora solo late para tí y no por alguien más por el cual no sabías que podías vivir. Te das cuenta de que aún sigues viva y es como si ahora solo existiese una versión de ti que solo incluye lo que hace falta.

La depresión es como estar en medio del océano, como un náufrago, con la esperanza de que alguien te salve pero sabiendo que puedes morir rodeado de tus propios miedos. Sigues un camino incierto, rodeada de espinas que cortan tus brazos porque el camino se va haciendo más estrecho.

Una sombra se convierte en tu nuevo acompañante. En las noches se hace tan presente como el vacío al lado de tu cama y los recuerdos huecos que se mantienen escapando entre tus dedos, porque él se encargaba de mantenerlos adentro. Él solo se tuvo que marchar para que la soledad llegará. Ahora, dos extraños comparten una sombra.

Llorarás porque son tantas las cosas que te recuerdan a él, y el silencio está comenzando a hacer ruido. Estás esperando que alguien venga y te saque de esta agonía, pero todos van de dos en dos y te dejaron sola a aprender a combatir el fuego del dragón.

Vuelve a casa

Es una noche solitaria y todo lo que quería era un abrazo. Un toque cariñoso de su piel contra la mía. Hoy es mejor que ayer pero la casa está tan sola, su ausencia se convierte demasiado presente y él está en un lugar donde no lo puedo buscar, atrapado en las paredes blancas.

Todavía vive dentro de mí un amor que, aunque él no esté en la casa, vive dentro de mí tan vivamente que aún lo puedo escuchar cantar. Vuelve a casa, a este lugar donde los ecos de nuestros gritos aún rebotan en las paredes.

Vuelve a casa, a este lugar que una vez llamamos nuestro. ¿Qué le dirías a esa persona si la pudieras volver a ver? No nos quedaban días, nuestro tiempo se detuvo en el ayer, y yo me mantengo viviendo el hoy esperando a que llegues mañana y me abraces en esos brazos que me protegieron de la oscuridad.

Siempre le decía que él era mi hogar. Ahora, soy una vagabunda en este cuerpo que solía ser un refugio. Ahora ando deambulando, anhelando tener algo en lo cual recostarme y descansar. Entonces, te das cuenta de todo lo que te guardaste, de las cursilerías que nunca dijiste, las aventuras que nunca tuvieron, las risas mañaneras, los besos robados. Ahora todo forma parte de un cuaderno de cosas que no pudimos hacer, de cosas que el tiempo y nosotros mismos no nos permitimos, y ahora, se escuchan los gritos de sentimientos suprimidos. Se escuchan las lágrimas deslizándose por las esquinas de esta coraza que no puedo llamar casa, pero la cual me cubre del frío del invierno que se ha convertido en mí. Se escuchan risas que no cesan, besos, toques, y lamentos. Te das cuenta de cómo lo solías tener todo, y se ha reducido a nada.

Lo peor de vivir con la pérdida es que cada año, el día de la pérdida se repite, una y otra vez, haciendo presente el dolor que ese día causó. El resto del año tratan de seguir adelante, y justo cuando tratan de volver a la rutina, el día vuelve, y esperas el día en que ellos vuelvan a casa y que todo haya sido una pesadilla, pero la pesadilla se hizo realidad.

Vuelve a casa, este lugar es una coraza vacía. Él se marchó hace un tiempo ya, y aún hoy no puedo aceptar la idea de que su reloj se detuvo y el mío siguió contando horas sin él– como castigo. Vuelve a casa, ya sabes el camino. Vuelve, aunque este lugar ya no sea tu casa. Vuelve a mis brazos, aunque ya ni ellos te pueden calentar el alma. Vuelve.

Regresé a casa después de muchos años y, al principio, no sentí su ausencia. Su ausencia deambulaba por la casa buscando quien le hiciera compañía. Sentí la brisa entrar y salir de la casa con aquella extraña sensación de que algo doloroso aún no se había ido. Escuché el silencio del que todos hablan cuando alguien se marcha. La risa que no tiene dueño, el abrazo que no calienta, el dolor que no es entendido y la espera de alguien que nunca va a cruzar la puerta. Me quedé con las ganas de saber cómo sería cuando volviera a casa y escuchara su voz.

Hoy volví a casa, y su voz nunca llegó.

Volverás

Peleamos con lo que sentimos. Nos gritamos pero esto solo nos rompe a nosotros más de lo que ya estamos. Nos decimos entre lágrimas que eso no volverá a pasar pero pasa, vuelves con él. Vuelves con aquel que te hizo dudar, aquel que no te sabe valorar. Aquella persona que nunca movió una piedra por ti, mientras tú, viviendo una fantasía, movías montañas. Aquel que te enseñó todo lo que hace falta en el amor, te engañó como a muchos otros, pero tú fuiste la única lastimada. Aquel que quisiste cambiar sin saber que sus raíces cargaban veneno.

Y te culpas. ¿Qué hice mal? Te preguntas. Cuando tú lo diste todo y más, pero no es lo que tú hiciste mal, fue lo que no dejaste de hacer. Lo que aguantaste cuando te quedaste sabiendo que esa persona no era para tí. Fue el no querer saber lo que es estar sin esa persona, fue el sentimiento de soledad que te embarca el cuerpo, fueron esos sentimientos encontrados, fuiste tú. Eso hiciste mal, quedarte cuando te dieron mil razones para alejarte. Quedarte recogiendo cenizas de un fuego que nunca existió. El no mirar más allá de lo que te pintaba, el no pintar tu propio cuadro lejos del suyo. Fueron tantas cosas que hiciste mal que no fueron tu culpa porque para ti estuvieron bien en el momento, pero ahora te das cuenta de lo que hiciste mal.

Volverás con él una y otra vez y en cada una de esas veces él te prometerá cambiar, pero las promesas se esfuman con el tiempo y solo los hechos se mantienen firmes.
Volverás, porque no conoces a nadie más.
Volverás, porque te da miedo el cómo será tu nombre sin el suyo.
Volverás, porque crees que solo tienes esa puerta.
Volverás, porque no sabes adónde más ir porque lo perdiste todo por él.

Volverás y llorarás por hacerlo y creerás que esta vez todo será perfecto.

Volverás y aceptarás sus excusas.

Volverás sabiendo que no querías volver.

Volverás y no mirarás atrás porque sabes que detrás está la razón.

Volverás con él porque él te hace sentir aquel amor tan familiar.

Volverás con él hasta que te des cuenta de que ya es tarde para lo que una vez fueron o trataron de ser.

Por meses te cuestionarás y querrás volver, pero sabes lo que sucederá, –él no será el mismo y tú tampoco lo serás. Volviendo con él lo que haces es atraparte en una jaula teniendo las llaves para salir. No vuelvas, ¿acaso vale la pena? ¿Acaso después de tantos intentos crees que él te va a tratar mejor?

Trozos de un matrimonio

Se amaron sin temor y con ferocidad, con el propósito de darle un para siempre a sus horas contadas, deseando tener más que un dedo a la vez en la piel de esa persona, queriendo tener una vida con ella, pero a la misma vez con un pie en la realidad de lo que el anillo en el dedo simbolizaba. Duele recordar que al final del día tienes que volver a vivir atrapado en una mentira, siendo parte de un matrimonio roto que se niega a seguir adelante. Un matrimonio que se quedó frizado en el tiempo, una relación donde constantemente eres recordado que no está funcionando y sin querer cortar el hilo que los une, sabiendo que mantenerlo lo va lentamente cortando hasta que, sin esperarlo, el anillo esté en la mesa, el dolor en el pecho, y el matrimonio en un papel.

No es secreto que ambos sabían que no eran perfectos, y aún así, se mantuvieron esclavos, atados por un anillo, con el corazón en otro lado y con suspiros en otra cama, ambos rotos tratando de encontrar cura con alguien más y temiendo dejar lo que es habitual y seguro. No quieren dejarlo pero no saben cómo mantenerlo. Ambos infieles, dos mentirosos que se volvieron expertos en mentirle al otro y no en sujetarlo para que no cayera. Ahora, ambos caen. Dos anillos que queman dos dedos destrozan más de dos almas, y rompen una unión. Una promesa hecha por ambos que se convirtió en una y, ahora, no significa nada.

Aquel sentimiento que los unió murió aquel día en el que ambos, víctimas de la soledad que crearon, decidieron volar a otros brazos y olvidando que no están del todo solos, que existía una unión más fuerte que sus promesas, que existían hijos que no entienden porque el amor se acaba.

Necesitaban un roce de amor, uno que no sabían darse, uno que no se volviera frío. Se convirtieron en extraños que compartían una vida, recuerdos, lo que fue y lo que sabes que nunca volverá a ser. Y es que cuando te das cuenta que nada nunca volverá a ser lo mismo que todo empieza a doler, cuando todo tu imperio de mentiras se derrumba, y solo te queda una cosa por hacer –dejar ir. Los hijos deben compartir dos casas, dos padres, dos relaciones y dos vidas.

Los recuerdos los atormentan haciéndolos sentirse culpables de lo que sienten, haciéndolos caer en un lugar en el cual no son aquella persona que hace un tiempo fueron, pero ¿cómo aprendes a vivir con otra persona? Cuando la confianza se pierde, ¿qué te queda cuando te das cuenta de como duele, cuando te das cuenta del daño hecho, cuando te das cuenta que el mañana y el hoy eran suyos y lo volvieron en su contra y solo el ayer los acompaña con lo que fue, cuando miras a la puerta y sabes que cuando salgas no volverás a entrar? ¿Qué pasa entonces? Todo se termina y solo los hijos podrán contar una historia que siguió con ellos.

Marcas

Esas marcas que llevamos con nosotros, unas más ocultas que otras, unas que nuestra alma lleva y otras que nuestro cuerpo no pudo ocultar.
Con las ganas que teníamos de ser perfectos.
Con las ganas que tiene el cuerpo de ocultar cada rastro de batalla.
Con las ganas con las que inventamos historias para ocultar una realidad dolorosa.
Con las ganas con las que seguimos adelante con miedo de ser consumidos por aquello que una vez nos ganó.
Con las ganas con las que sonreímos aunque todo lo que queremos hacer es llorar.
Con las ganas que nos embarcamos en el día a día.
Con las ganas con la que esas marcas en tu cuerpo se atreven a decir por ti, tu historia.
Con las ganas con las que tratas de crecer fuera de un recuerdo.

Hay una combinación de historias no contadas que se niegan a cruzar nuestra garganta. Nuestro cuerpo, cansado de vivir ocultando una mentira, se comienza a quebrar mostrando lo que por dentro ocultamos –cristales rotos de lo que una vez fuimos. No somos perfectas, tienes razón, estamos rotas por dentro, y el cuerpo muestra nuestros defectos, esos que ya ni nuestra alma tolera y están lentamente escapando. Y aún siendo así de imperfectas amamos.

Al principio nos negamos a aceptar el cambio impuesto por nuestro cuerpo porque esto nos expone a un mundo lleno de impostores, donde tú eres el único que ha sido expuesto.

Dicen que tengas cuidado de quién te enamoras, pero deberían también incluir «cuidado con cómo te enamoras», porque puede que el enamorarte no te deje ver con claridad, con cuidado y con calma para no pisar una trampa que te dejará eternamente una marca.

El espejo no oculta nada, no tiene piedad, no tiene simpatía. Veo mis marcas y quiero gritarles que se detengan, y que dejen de reproducir recuerdos. Desnuda, frente al enemigo de muchos, cuento las batallas y le muestro mi guerra, cuento los rastros de lo que quedó del campo; piezas rotas de mí, nuevas versiones de mí, nuevas vidas, elecciones, y sobre todo, nuevas maneras de poder volver a empezar.

Nos avergonzamos de nuestras marcas hasta que nos damos cuenta que ellas solo dicen una parte de la historia que no nunca contamos, una parte que nos rompió, una parte que no se rindió, pero que se quebró, una parte que fue donde la batalla tomó lugar, una parte que las lágrimas no nos dejan terminar, una parte que dice: «lo logramos» y una parte de la historia que quedó marcada en nosotros y que no podemos olvidar porque nos enseñó a ser más fuertes. Después de la tormenta viene el arcoíris, y «no hay mal que dure 100 años».

Tarde en la vida aprendemos que el cuerpo sana pero lo que nos desgarra el alma no tiene cura.

La verdad es que mi generación está perdida.
Todos tratando de ser quienes no somos, la presión social, la presión infligida por nuestros padres, la presión que nos ponemos por ser mejor y sacrificamos nuestra salud física y mental.
Es tan difícil llorar debajo del agua porque debes elegir entre respirar o ahogarte.

Promesas

Cada vez que lloro voy al espejo del baño y le prometo a la chica en el espejo que llegará el día en el que no lloraré, que iré donde ella un día diciéndole que lo logramos, que ya el dolor no es nuestro jefe. Cada vez que vuelvo al espejo con incomprensibles lágrimas siento que le he fallado, que estaba allí haciendo promesas vacías, que llevo años prometiendo; como la vez pasada que me dejé consumir y estar al borde de desaparecer en mi propia reflexión y vivir en ella.

¿Cómo le explico a la chica del espejo que es una decepción para la versión más joven de ella misma? ¿Cómo se lo explico sin romper la promesa de no volver a llorar?

Me he dado cuenta que el "nunca" y el "para siempre" comparten una eternidad, una eternidad, un puente que los separa, y en el medio, estoy sin saber cual tomar, aunque, cada vez que vuelvo a este espejo siento que ya la decisión fue tomada.

Fragmentos de una vida pasada me atormentan, me persiguen entre sueños como moscas atrapadas en una telaraña, atrapadas en un ayer sin esperanza y un hoy sin un posible mañana. Me asusta vivir así, ¿pero de qué otra manera se puede vivir? Cuento estrellas cada noche para ver si en mis sueños las puedo atrapar y viajar al mañana, para dejar que el hoy se vuelva un ayer, uno que me tiene encarcelada en mi propio hogar. Me revuelvo entre sábanas buscando salvación con los sudores viajando por mi frente y mis pies fríos como cadáveres.

Cuando el río suena es porque agua lleva, pero lo único que yo escucho son las rocas las cuales la corriente arrastra con ella. Me siento como esas piedras, arrastrada, sin querer, hacia lo desconocido y el mañana nunca llega. Me sorprendo al encontrarme mirando al cielo, ¿qué es lo que tiene el cielo que te hace sentir libre aunque tengas cadenas en las manos o en la mente? Le hacemos promesas al mundo mientras rompemos las que nos hacemos a nosotros mismos.

Miedos

La casa se convirtió en mi refugio pero también en mi prisión. Quería escapar de las paredes pero estaban en todas partes, y cuando salía ellas no estaban y algo me hacía extrañarlas. Las paredes me mantienen a salvo de lo que hay afuera de ellas pero, al mismo tiempo, lo que se esconde dentro de las paredes es igual de peligroso, dos mundos de los cuales quieres escapar, pero no hay salida, ¿o sí? A veces, pienso en el océano, y que tan lejos está; las olas chocando constantemente contra la arena. Entonces, pienso en como me siento, cómo la arena en el mar, siendo arrastrada a un sin fin de secretos que se esconden entre la oscuridad del mar y la claridad de un cielo. Dos mundos que muestran dos caras de una misma moneda.

Da miedo pensar que siempre vivirás entre dos mundos, cuando no conoces la existencia de un tercero.
Da miedo pensar que no se puede escapar del dragón.
Da miedo pensar que existen historias igual a la nuestra que nunca llegaron a ser contadas.
Da miedo aceptar que no podemos seguir luchando cuando cargas, con el peso de alguien más.
Da miedo seguir adelante cuando todo lo bueno en ti parece que se está quedando detrás.
Da miedo mirar más allá de la caja cuando la construiste para protegerte.
Da miedo pensar que todo sigue siendo lo mismo que era al inicio.
Da miedo hasta que se da el primer paso.
Da miedo hasta que te das cuenta que los miedos viven dentro de una caja y que tú vives dentro de ella.
Da miedo hasta que se te escape una sonrisa.
Da miedo hasta que te das cuenta que los miedos vivían más en ti que afuera.

El miedo domina nuestra mente y nos vuelve esclavos de cosas que no son para temer. A la misma vez, el miedo es el que mantiene los dolores alejados. Es tanto el temor que tenemos a enamorarnos, de escapar de lo que nos atormenta, y de buscar un nuevo camino, que mantenemos la felicidad que esto nos podría causar lejos.

Es el miedo el que no nos permite disfrutar lo que podría venir después. Es el miedo que no nos permite ver el placer de hacer aquello que por años nos propusimos.

Es el miedo que no nos permite ser nosotros mismos por lo que dirán; el miedo vive en ti para protegerte, no controlarte.

No quiero levantarme mañana solo para darme cuenta que duermo con un extraño y en una vida que no quiero.

No quiero levantarme y darme cuenta de que perdí mi tiempo.

No quiero levantarme a la misma rutina dónde no tengo nada emocionante que contar, o con quien sonreír.

No quiero levantarme y darme cuenta de que no soy feliz y no me di cuenta cuando dejé de serlo por estar con mi cabeza agachada ante un mundo que hizo el tiempo pasar más rápido.

Tantas son las cosas que no dije por miedo.

Tantas fueron las cosas que se quedaron sin decir que las podría escribir todas en un cuaderno y me faltarían páginas, a mi lapicero se le acabaría la tinta, y a mi corazón se le escaparía todo lo que lleva dentro.

Te esperé

Esperé que se quedara como si él fuese el cielo que siempre está.

Esperé como si él fuese las estaciones que van y vienen pero que siempre hay un presente.

Esperé como si él fuese el viento.

Esperé como si él fuese eterno para estar conmigo, pero solo resultó ser una flor de primavera que murió en invierno.

Ahora, durante la primera estación del año sin él me pongo a escuchar aquella canción pegajosa que tanto nos gustaba debajo de la lluvia, y junto a la promesa de un *para siempre* que resultó ser más corto que los demás.

Ahora, aquella canción se hace silenciosa al pasar los minutos, como si hasta la canción perdiera las ganas de hablar de amor cuando el corazón sufre; la que un día fue nuestra canción favorita, no existe sin él.

No se quedó para decir «*te amo*» por última vez. Tampoco se quedó para hacerme sentir aquello que vuelve el corazón un hilo. Con su partida, todo se volvió un nudo. Lo mejor que hizo fue irse en silencio, aunque el ruido de una partida no anunciada aún me persigue. No se quedó para seguir aquel loco sueño que tenía de mirar las estrellas, como si fuese un niño que busca formas en un cielo que para mí se quedó blanco. Decidió que marcharse era más fácil, pero ¿para quién? Se olvidó de mí. No se quedó para ver el desastre que se volvió mi vida después de él. Mientras esperaba por la calma solo me tocó la puerta el caos.

Esperé que eligiera quedarse como si él fuese el cielo.

Esperé que me eligiera, pero no volvimos a ver otro amanecer.

El *"nosotros"* que crece sin él, fue mi mayor error. El nosotros que grita por su presencia y me culpa por su ausencia, también buscan romper mi puerta. El nosotros que vive en el pasado para mí aún existe, aún lo espero. Aún creo en un nosotros juntos, no en un nosotros solo conmigo.

Hoy pensé en ese nosotros y, por primera vez, no lloré o lo esperé. Pasó tanto tiempo que no me di cuenta cuando mis sentimientos por él se convirtieron en algo que ya no dolía.

No se quedó, pero su esencia sigue aquí, tanto que, por tiempo, lo siento en la casa como una sombra que viene cuando hay luz y se va cuando todo se vuelve oscuro.
Esperé que se quedara pero todo cambia, crece y se marcha. Espero que encuentres tu sol y luna porque mientras haya cielo siempre habrá esperanza.

Un poco tontos

Somos un poco tontos cuando nos enamoramos. Despegamos como un cohete a la luna, y muchas veces no alcanzamos las nubes.
Somos un poco tontos cuando leemos miles de historias de amor y esperamos que la nuestra sea la secuela.
Somos un poco tontos porque no nacemos sabiéndolo todo, y nos asusta intentarlo y olvidando que lo que realmente importa es aprender, no lo que dirán por no saber.
Sí, somos todos un poco tontos.

Algunas noches, cuando la luna brilla y en el cielo no hay señales de estrellas, nuestra mente llena el oscuro del cielo con miles de preguntas que se mantienen allí, mientras el viento las va convirtiendo en leyendas, y los ríos cantan su versión.
Somos un poco tontos cuando nos enamoramos y queremos sostener el *para siempre* entre nuestras manos, pero con la mínima distracción el *para siempre* se convierte en otro cuento más del montón, sin un final que termine el libro.
Somos un poco tontos cuando en las noches pintamos paraísos en paredes que fueron hechas con dolor.
Somos un poco tontos cuando pensamos que el ayer no tiene poder.

El cielo puede responder más de mil preguntas y, a veces, una palabra puede destruirlo todo. Cuando somos adolescentes pensamos que tendremos esta vida loca y algunas veces ese no es el caso y duele. Las decepciones más grandes vienen de las idealizaciones que nos hacemos mirando la vida de alguien más y esperando tener lo mismo. Nuestra historia no va escrita con las demás, e incluso, si así fuese, los comienzos y los finales serían distintos.

Somos un poco tontos porque si tenemos un sueño nos olvidamos de él o solo vivimos con él en nuestra cabeza y no le damos vida propia. Somos un poco tontos porque el amor no viene escrito y esperamos tenerlo todo sin conflictos. Somos un poco tontos porque dejamos que la victoria de otros nos detengan; solo se esta tarde cuando no se sale o cuando nos detenemos.

Somos un poco tontos porque pintamos la libertad en las mismas paredes que nos encerraron.

Somos un poco tontos porque no nos detenemos y le decimos al corazón, dolor, y sueños: *«te escucho»*.

Está bien no estar bien

Sé que tus lágrimas corren por tus mejillas, las he visto caer cuando nadie está ahí para ti.
Sé lo mucho que sufres.
Sé que muchas veces quieres rendirte.
Sé que no encuentras el camino de vuelta a lo que solías ser.
Sé lo que la depresión te está haciendo.
Sé lo que ocultas detrás de la risa que hace a otros reír.
Sé que tratas de ser fuerte para los demás pero, ¿quién lo es por ti?
Quisiera ayudarte pero nadamos en diferentes ríos tratando de llegar al océano.

Está bien llorar, dejar que todo salga y que esos sentimientos no se queden atrapados en ti.
Está bien no querer levantarte de la cama.
Está bien no querer hablar con tus amigos.
Lo que no está bien es quedarse ahí estancado.
Te he visto más de una vez luchando por mantenerte feliz pero la felicidad parece ser pasajera y solo viene de casualidad.
Te he visto en tu cama pensando cómo puedes encontrar amor y como alguien podría amar a alguien roto, sabiendo que se puede cortar en el proceso.
Te he escuchado llamándote fea en el espejo mientras te arreglas y como te quitas el maquillaje mientras lloras queriendo escapar de tu cuerpo.
Te he seguido por la calle mientras te sientes observada y avergonzada de que alguien pueda verte.
Deja de buscar la felicidad en las personas cuando esta viene de manera individual. Todos queremos llegar al océano pero el mapa es diferente para todos.

Nadie te entiende. Te llaman débil por no saber cómo controlar tus emociones, esas mismas que te hacen quien eres, esas mismas que te destruyen. Nadie entiende que se siente el ser tú. Nadie entiende lo que es estar atrapada en una coraza vacía con ecos que rebotan de pared a pared y chocan contigo, repitiendo un mismo dolor que pensabas olvidado. Nunca entenderán que lo estás intentando y que solo los que nos hemos hundido sabemos lo que cuesta salir a la superficie.

Lo que aprendemos en el camino

Me dejé llevar por la corriente del amor, y estuvo bien surfear en sus olas. No te negaré que me acostumbré a las subidas y bajadas. Nadie que está en una relación debería sentirse así de solo. Tal vez buscaba un escape de mi propia soledad, y lo encontré a él que estaba sufriendo por lo mismo. Ambos, dos piezas rotas, tratamos de encajar con palabras que engañan y que ocultan lo que el corazón desgarra.

Caminamos sin rumbo buscando encontrar un escondite del monstruo que creamos, queriendo correr de él sin saber que vive con nosotros. Al saber esto, nos perdemos un poco más porque no hay escape y es como estar en la orilla de un acantilado, sabiendo que la salida es saltar y que la otra opción es volver a lo que te trajo donde estás. Ninguna de las dos se ve como algo posible y volar no es una alternativa. El dolor es el que te dice: «inténtalo» y saltas, pero no caes.
A veces, el caminar sin rumbo es lo que te lleva a donde debías estar.
A veces, es el seguir un sueño que te mantiene demasiado tiempo en las nubes y te hace mirar a más posibilidades para cuando caigas en la realidad.

Aquellas olas de nuestro mar finalmente me llevaron a la costa y nuestro viaje terminó. Así como empezó lo vi acabarse, escaparse de mi vida como si nunca hubiese estado, pero sus marcas están por todo mi cuerpo y se niegan a sanar. Sus huellas no se las llevó el mar.

¿Adónde se fue la felicidad
y
por qué no me llevó con ella?

La hija perfecta

Me cansé, ya no puedo seguir con la máscara, fingiendo ser alguien que no soy, y dando una cara que no me pertenece. Me cansé de ser aquella que siempre dice que sí.
Me cansé de ser lo que todos quieren.
Me cansé de vivir aislada solo por miedo.
Me cansé de no hacer lo que me gusta por miedo al fracaso.
Me cansé de ser una cobarde.
Me cansé de mirarme al espejo y solo encontrar la figura de la «hija perfecta» pero que está rota por dentro.
Me cansé de permitir que me lastimen solo por mantener las apariencias.
Me cansé de oír el típico «¿por qué no eres como ella?»
Me cansé de tratar de ser como ella y de olvidarme de cómo ser yo. ¿Quién soy yo?
Si me miro al espejo el cristal se comienza a quebrar lentamente, mientras caigo de rodillas pidiendo un día más con aquella compostura que a todos les gusta, pero ya es tarde. Entonces, al estar arrodillada en frente de los pedazos que solían ser mi versión perfecta, me doy cuenta de que esto es un recordatorio de como todo lo que ya está roto puede nuevamente fracturarse. Todo en esta vida está hecho para romperte pero tú decides cuáles batallas valen la pena.

Me tengo que acostumbrar a esta nueva versión de mí que quiere ser fuerte por mi niña interior, que quiere aprender, que quiere amar sin miedo de ser lastimada, que quiere bailar, que quiere cantar a todo volumen, que quiere leer, y que quiere ser quien no se le ha permitido.

Llegará el día en el que te tiras al vacío por un sueño. Un sueño que muchos no creen que cumplirás y te hace volar con dudas.

¡Qué la ignorancia de muchos no te corte plumas, qué el no tener el apoyo de aquellos que te importan no te quite las ganas de seguir! Cada día temes que tus sueños se podrían quedar en el cielo.

Recuerdos

Hoy solo hay una foto en la pared, dolor en el corazón, y recuerdos que atormentan antes de dormir pero no fue su decisión irse, no fue su decisión el quedarse atrás, mientras tú seguías adelante contando pasos que ya no lo incluyen, y no fue su decisión el aprender a volar.
Entonces, con lágrimas lo recuerdas.
Recuerdas los primeros abrazos.
Recuerdas aquella risa que te alegraba el día y que ahora resuena en tu cabeza como la melodía de una canción de la cual no recuerdas la letra.
Recuerdas lo difícil que fue encontrar el amor; encontrar a alguien que te ame.
Recuerdas como te hacían sentir las mariposas que ahora se fueron con él.
Se te olvida quien eras antes.

Debes seguir porque los recuerdos siempre vivirán contigo y eso es lo que te llevas de él, lo que él dejó en ti.

Una tarde vuelves a tu casa y la encuentras rodeada de recuerdos flotando a tu alrededor como burbujas que explotan cuando menos lo esperas. Y son esos mismos recuerdos los que te confortan, esos mismos son los que te ayudan a seguir adelante. Pero te duele que su reloj se haya quedado sin arena.

Los edificios son altos para cubrir lo que se esconde debajo.
Debajo estamos todos con las luces en nuestros rostros. Las
luces siempre encendidas para mantenernos despiertos, sin ellas
la ciudad que nunca duerme, estaría soñando. Si la ciudad
sueña, nos muestra lo que siempre hemos estado ignorando; nos
abre los ojos a lo que ha estado en el centro de nuestras narices.

La ciudad de extraños

Es cierto que todos somos unos extraños que conectamos y desconectamos. Todos vamos buscando un propósito más porque el anterior murió en el momento en el que se cumplió. La rutina es una cobija que nos sostiene fuerte con la comodidad que necesitamos; muy fuerte te mata, y muy cómoda te duermes en ella. Quizás, todos andamos sin rumbo, chocando por la vida a ver que otra cosa puede salir mal porque teníamos una caja de buena suerte, que ahora está vacía.

Muchas veces, nos topamos con aquella "realidad perfecta" que muchos no dejarían escapar, pero somos humanos. Puede que aquello se vuelva monótono y nos demos de cara con el sentimiento de que falta algo. El no saber cuando vamos a caer o cuánto tiempo llevamos cayendo nos mantiene en incertidumbre.

La ciudad te consume. La ciudad te hace sentir pequeño con sus edificios altos y ruido por todos lados. La ciudad es un laberinto que debes conocer o te pierdes. La ciudad tiene la belleza en lo alto y sus errores debajo.

Solo cuando la caja se rompe es que te das cuenta que no sabes quienes son ellos y quienes eres tú, pero la pregunta es: ¿dolió más el verte reflejada en ellos o no saber quién está en tu propio reflejo? Debemos aprender que cuando las luces se apagan ya es tiempo de ir a casa. Debemos saber cuando lo dimos todo, y cuando no hay nada más que hacer.

Es que nadie sabe adonde va, todos solo salimos y no sabemos cuantas puertas abriremos y cuantas se nos van a cerrar. Somos la belleza y el dolor de un clavel, en una ciudad donde todos salen a ver el sol en las calles y a esconderse de él hasta el anochecer, nadie sabe nuestro nombre.

No hay palabras

Te sientes atrapada. Estás corriendo en círculos desesperada por encontrar una salida, queriendo que todo se detenga, atrapada en una caja de cristal que has tratado romper y que más de una vez quisiste convertir en tu hogar. La única manera de salir está en tus manos pero, ¿abrirías la puerta?

Intentas romper las paredes y *destruir todo desde adentro*. Tratas de divertirte pero no le encuentras emoción; estás atrapada en la prisión que creaste. Te mantienes tirándote de un cañón y terminando con lo que una vez fue tu vida. Cuando recaes eres transportada a la punta del cañón para dar ese salto como si fuese la primera vez, y te cansas de morir.

Te levantas cada día atrapada en la rutina y sientes que la vida es más corta de lo que dicen y que estás perdiendo el tiempo pero tampoco sabes como sacarle provecho. Deseas poder encerrar el dolor dentro de una caja pero pronto esta empezaría a gritar.

Mientras tú sigues en el mismo lugar, tu vida va corriendo, tratando de llegar a la meta, y tú estás en la línea de inicio pensando si vale la pena empezar a correr.

No hay aves por las mañanas y el silencio te carcome el alma pero, por alguna razón, algunos días, puedes sentir paz.

Personas

Quizás, la persona que se ha pasado su vida vendiendo flores nunca ha recibido una.

Quizás, nunca le han preguntado, por curiosidad, «*¿cuál es tu favorita?*»

Quizás, le gustaría hablar por horas sobre como cuidar rosas y claveles.

Quizás, sabe que a la gran mayoría de nosotros no nos importa.

Adoramos las flores en el momento y luego, nos olvidamos de lo que nos hicieron sentir. ¿Por qué no cuidamos ese sentimiento? Si te pones a pensar, quizás, ni siquiera les gustan las flores y lo hacen porque necesitan el dinero, y si así es, no somos tan diferentes.

Quizás, a la persona que te arregla los relojes nunca le han preguntado sobre su reloj; un relojero siempre tiene la hora.

Quizás, le encantan pero vive luchando con el tiempo, y cada día, perdiendo contra él.

Quizás, ni siquiera lleva relojes y la gente nunca adivinará que se pasa el día ayudando a otros a ver las horas que él va perdiendo.

Quizás, ni siquiera le gusta lo que hace pero, como todos, necesita el dinero.

Si te quedas mucho en la ventana comienzas a darte cuenta de lo rápido que pasan los días. Te das cuenta de que no eres feliz, de que corres sin saber adonde, de que todos tus compañeros siguieron adelante y tú "*te quedaste detrás*". Los sueños son eternos pero nosotros estamos aquí por un minuto.

Nada parece hacernos felices, ya que la felicidad es abstracta y tus sentimientos cambian. Somos personas, vivimos, sentimos, conocemos, sonreímos y nos enamoramos hasta que no lo hacemos.

Quizás, todos tratamos cada día y cuando llegamos a la cama nos rendimos para el siguiente día volver a vender flores, relojes, vivir aquellos pequeños momentos que nos hacen felices y para tratar de sobrellevar nuestros problemas mentales.

Los dos nos intoxicamos de amor.
Dimos tanto amor que no sabíamos qué hacer con él.
Las palabras no eran necesarias y a veces, solo nuestros cuerpos
eran suficientes.
Solo era necesario un hola para que todo lo demás dejara de
importar.
Como me miraba, mi pecho se inflaba y solo sonreía como
tonta.

Insomnia

Te la pasas dando vueltas en la cama buscando la postura correcta para poder dormir, batallas la noche entera con la incomodidad y la ansiedad. ¿Terminé mis tareas? ¿Cerré la puerta? ¿Apagué la estufa? Y las horas del reloj se mantienen saltando mientras tú estás quieta pensando y viendo las horas pasar.

Todas las noches son las mismas, a veces logras dormirte pero te despiertas asustada por una pesadilla con algo que tienes miedo que te alcance.

Ves como lentamente el sol comienza a salir y piensas *«tengo que levantarme, ya pasó»*. Pero, ¿de verdad te levantas? Te pasas todo el día ausente. Y entonces, cae la noche y te da temor irte a dormir. Comienzas a posponer las horas para mantenerte distraída y el sol vuelve a salir.

Llega un momento en el que ya no puedes más y simplemente caes de picada en la cama con la ropa de esta mañana. No tienes fuerzas para levantarte ni para mantener los ojos abiertos; entonces, duermes. Te das cuenta que es eso lo que necesitas, estar super agotada, y comienzas a hacer cosas alrededor de la casa para mantenerte ocupada, pero llega un punto en el que no hay más nada que hacer y nuevamente no duermes.

Sabes que estás atrapada. Tu mente no para de pensar, se mantiene creando escenarios imposibles, pero tu cansancio comienza a crecer y entonces, nuevamente sale el sol. Te comienzas a enojar en cada ocasión que lo ves salir. *«5 minutos más»* dices, ¿pero para qué? Si solo estarás mirando el techo viendo los 5 minutos volar por la ventana.

Hay unos brazos que te abrazan mientras duermes y te preguntas si es la versión de ti que sigue luchando la que trata de consolarte. Otros días, piensas que es la versión de ti que se está rindiendo, que quiere que te quedes durmiendo, donde nada nunca duele, donde nadie te volverá a lastimar, donde no hay espejos. Las pesadillas vienen y van, pero las más constantes son en las que gritas por ayuda y nadie te escucha. Te asusta porque sabes que afuera del sueño también eres ignorada y con desesperación quieres gritar y que te digan: «aquí estoy». Algunas veces, las pesadillas sienten piedad y duermes.

Me pierdo tanto que no sé cuál historia contar y decir cómo fue que empezó todo. La versión que me rompió, la que sigue doliendo, la que me persigue, la que aún crece, la que quiero olvidar, la que no entiendo, las que coexisten en un recuerdo feliz, la que aún se mantiene nadando para sobrevivir, la que es una sombra, y la que por más que trato, sigue apareciendo en mis sueños.

Depresión

¿Por qué no puedo hacer que este dolor se vaya? Sabía que una parte de mí estaba desapareciendo. Es como ser parte de dos mundos: uno que se derrumbó y otro que quiere ser construido. Hay días que son mejores que otros, sientes que te estás recuperando, y en otros te deshaces. Hay días, en los que encuentras paz en el caos porque cuando duras mucho tiempo en la tormenta aprendes a vivir con ella.

Tienes la mirada perdida que muestra todas las heridas mientras las lágrimas te van quemando cada vez que se deslizan por la piel. Quisieras saber dónde es que duele, y a quién deberías culpar, pero tú detonaste la bomba.

Me gustaría que me dieran un abrazo y, por un segundo, pretender estar bien y que mi pecho no esté cada día luchando para que el dolor no se acumule y explote.
Voy pisando cristales rotos de un futuro que se desmorona, y lo persigo solo por miedo a seguir otro camino. Se me hace más fácil destruirme a mí misma que herir a otros, —*¿Qué es otro golpe?*, —pienso. La depresión es tan peligrosa, se pasea por mi pecho y se impregna en mí, hasta que sin darme cuenta, ya no puedo salir de ella.
No sabes seguir adelante cuando todo lo que amamos se va quedando detrás. Días buenos y días malos pero mira, seguimos aquí. Seguimos luchando está batalla de la que nadie habla.
Nadie habla de cómo hay días en los que solo queremos acostarnos en el suelo y dejar que el mundo siga adelante.
Nadie habla de como vives en una prisión.
Nadie habla de cómo queremos que la tierra nos trague.
Es difícil pero seguimos batallando cada día más fuerte porque la depresión se alimenta de tu debilidad.
Es difícil querer amar a alguien pero no saber amarte a ti mismo y sentir como tu amor por esa persona no es verdadero porque no sabes que es el amor.

Es difícil, lo sé.

Tanto tiempo ha pasado desde la última vez que tus mejillas estaban secas.

Tanto tiempo ha pasado desde que tu sonrisa comenzó a coleccionar falsos momentos de felicidad.

Tanto tiempo ha pasado desde que tu cuerpo no te dice que eres perfecta.

Tanto tiempo ha pasado desde que tu peso se convirtió en algo de lo que tienes que preocuparte.

Cuando hay silencio siento que algo falta, como si mi cuerpo fuese una oruga que no pudo convertirse en mariposa. Siento que algo me falta pero no sé qué es, y nada me llena.

Duele hablar de la depresión sin llorar porque dice tu historia, dice que fuiste débil, pero tu depresión no te define. Deja que duela, pero no dejes que te controle porque, entonces, ella gana.

No digas adiós. El adiós corta la esperanza de volver a verte.
Dime, hasta luego, aunque solo te escuche en el viento.
Aunque solo te vea en mis sueños.
Aunque solo viva con los recuerdos.
Aunque te vayas al cielo.

Lo que pudimos ser

«Nos quedamos cortos de tiempo», pero eso no es verdad porque el reloj nunca jugó a nuestro favor y en lugar de sumar, nos restó.

Me acurruco entre sábanas frías buscando su calor pero aquí siempre es invierno. Me aferré a lo que pudo ser. Ahora rondan fantasmas diciendo su nombre, pero ¿quién es él?

Déjame perderme en ese río en el cual nos quedamos atrapados queriendo alcanzar la orilla, sin saber que la corriente era lo que nos mantenía unidos.

Ahora, afuera de aquellas aguas lamento no haber dicho adiós. Siento como si esta historia se hubiese quedado inconclusa, esperando que siga escribiendo.

Ahora, de mí, solo salen lágrimas. Lágrimas que espero me lleven a él y a lo que perdí.

Sigo buscando una salida de este lugar pero parece que todos estamos haciendo lo mismo.

Éramos demasiado inocentes para saber que no nos volveríamos a ver para mantener algo así presente.

Éramos muy inmaduros para saber que la vida no te da señales, pero aún así te toca seguir adelante.

Éramos muy jóvenes para saber que un beso podía cambiarnos la vida, pero solo pensábamos en finales felices y no en la historia completa.

Pudimos ser tantas cosas y no fuimos nada.

¿Qué tal si?

Me gustaría saber qué se sentiría el pasar un día sin que mí mente se vaya al «¿qué tal si?» Las dudas son como un juego que nos destrozan la cabeza, atrapándonos debajo de un manto que nos deja mover pero no salir.

Pasamos la niñez pensando en la juventud y recordando todo lo que sufrimos; anhelando el momento en que seremos adultos. ¿Qué tal si no podemos superar la herida de hace tantos años? Llegamos a la adultez añorando la juventud que ignoramos por estar enfocados en algo más. «¿Qué pasaría si?» Dudas que nos persiguen para no afrontar la realidad.

Sufrimos de ansiedad, depresión, estrés, y bipolaridad, las cuatro esquinas que forman las paredes de los ataques que llegan de repente. Vivimos sin saber cómo controlarlos porque cada vez son más intensos, más dolorosos, y nosotros más débiles.

Me pregunto, ¿en qué etapa de la vida uno está satisfecho?
La felicidad es tan fugaz, va y viene cuando quiere.
La felicidad es una estrella fugaz que pides que se quede.
La felicidad va dando saltos y algunas veces la alcanzas.
La felicidad son momentos que se vuelven recuerdos que a veces olvidamos.

¿Qué tal si no termino la universidad?
¿Qué tal si soy la vergüenza de la familia?
¿Qué tal si nadie nunca me llega a amar?
¿Qué tal si el mañana nunca llega?
¿Qué tal si mi pareja me deja?
¿Qué tal si me engaña?
¿Qué tal si me lastima?
¿Qué tal si nunca consigo un trabajo?
¿Qué tal si me pierdo en mi locura?

¿Qué tal si no puedo seguir mañana?
¿Qué tal si el dolor nunca deja mi pecho?
¿Qué tal si nunca soy feliz?
¿Qué tal si siempre viviré así?
¿Qué tal si nunca me encuentro?
DETENTE, RESPIRA.

¿LO SIENTES?

Gritos

La primera vez que le gritó ella no hizo ningún ruido. Se quedó en silencio tanto tiempo que sus oídos absorbieron el único sonido que había en el aire. No sabía qué tan roto estaba su corazón, hasta que sus palabras la tocaron.

No podía comprender lo que había pasado; parte de su cerebro estaba recordando y la otra memorizando.

Pasaron días donde llegó a pensar que se lo había inventado porque él nunca le haría algo así, pero sucede otra vez, y su cuerpo se llena de escalofríos.

La segunda vez no lo vio venir aunque su cuerpo lo reconoció y esperó lo peor. Su voz se había grabado en su cabeza por tanto tiempo que pensó que iba a enloquecer. Cuando por fin llegó el silencio se preguntó qué había pasado y cómo pudo el desierto confundirla con otro espejismo.

La tercera vez, lo vio venir por cómo sus labios se movían de rápido queriendo sacar toda su ira y cargarla en ella. Jamás olvidará cuando le dijo, «mereces que te griten». Mereces es una palabra con demasiado poder, y ¿qué poder tiene ella para defenderse? Ninguno, —pensó. El dolor no tardó en llegar y su pecho se infló tanto que si no explotaba iba a salir volando como un globo.

Sus gritos le traen recuerdos. Más de una vez se preguntó si se lo merecía porque todos los demás la habían tratado así.

Voces

Voces que rondan la casa en busca de un dueño. Me siento atrapada en el cuento. Miles de historias que contar, y en la nuestra no hay nada. Páginas en blanco esperando ser marcadas. Me he convertido en lo que más temía. En alguien que no podía vivir sin ese sentimiento en el pecho que te prohíbe respirar, que te consume, que te desgasta, y que te deja como si nunca hubieses tenido un hogar.

No quería perderlo, y me terminé perdiendo yo; era más fácil, menos doloroso. Mi día a día es una mentira. Cada noche, más de una lágrima cargada de dolor se derrama en mis sábanas. Es como una escena del crimen donde cada día debo ocultar evidencias de lo que pasó.

Cada día merodeo un camino nuevo del infierno y, aún ahí, estoy completamente sola lidiando con demonios que gritan mi nombre. Estoy rodeada de tanta gente, y a nadie parece importarle el hecho de que me estoy desvaneciendo. Mi sonrisa va perdiendo su brillo y las lágrimas me han tratado de ahogar más de una vez.
Las voces brincan de una pared a la otra y se mantienen constantes.
En mis sueños los lobos aúllan a la luna, y me encuentro en el bosque donde me he perdido tantas veces. Los cometas vienen y van, pero la luna sigue ahí; yo sigo aquí.

Con el tiempo las voces se fueron o probablemente siguen ahí lo único es que me acostumbre a ellas. Tal vez, siguen gritando su nombre pero con el tiempo he olvidado cómo era su voz y se ha perdido aquel toque que rozaba mi piel sin permiso. Por fin me he olvidado de él.

Después de tanto tiempo puedo decir que el lobo aúlla más fuerte que nunca en mis sueños, queriendo cubrir el sonido de su voz que sigue atrapado en mí.

El amor pasó y dejó huellas, ¿las sigo o me pierdo?
Mi nombre retumbaba y era extraño porque ¿quién era?
Más de una vez escuché mi nombre,
y más de una vez, olvidé su dueño.
Me acostumbré a los ecos de una vida pasada donde seguí
las huellas pero hoy me doy cuenta que vivo en un reloj
de arena al cual se le acaba el tiempo.
¿Será que ahí estoy atrapada entre el tiempo y el miedo?

Hubiera

Cuando di la relación por terminada fue porque supe que di todo para que funcionara. Ahora que no estás, he comenzado a pensar en los hubieras.

¿Cuántos pasos hubiéramos dado juntos?

Las marcas en la arena son los recuerdos al mirar atrás y me asusta pensar que el mar terminará borrando nuestros pasos. Por más que trate, el primer amor no se olvida así de fácil, ¿cierto?

Los hubiera me hablan ahora pero, ¿por qué no escuché ninguno de ellos cuando podía lograrlos? Creo que es porque son como una estrella fugaz; vienen y van. El hubiera es silencioso pero se encargará de decirte lo que el mañana no tendrá. Es como en los cuentos, todo empieza con «había una vez» y termina con un «y todos vivieron felices para siempre». Todos esperamos que sigan juntos después que termine el cuento. El hubiera cuenta la historia de lo que no sucedió, cuenta que hubiera pasado si el dragón se hubiese enamorado de la persona que lo fue a matar, cuenta lo que hubiera pasado si *Cenicienta* nunca hubiese dejado su zapatilla. El «hubiera» crea un multiverso de todo lo que no será.

¿Qué hubiera pasado si el pasado hubiese tenido más paciencia?

¿Qué hubiera pasado si el amor no fuera tan terco?

¿Qué hubiera pasado si sus huellas no estuvieran por todo tu cuerpo?

¿Qué hubiera pasado si tus lágrimas no se hubieran secado?

¿Qué hubiera pasado si tu llama hubiese apagado el tornado?

¿Qué hubiera pasado si te hubieses permitido amarte?

Traté de que funcionara una relación muerta pero el corazón se rindió y el cerebro se cansó de darle vueltas.

Cada vez que empezamos algo juntos me preguntaba si esto sería lo último y tendría que terminarlo sola, pero ¿con qué fuerza?

Ambos se rindieron. ¿Cómo sobrevives si te encuentras con tu peor enemigo y te das cuenta que eres tú?

La tormenta

Escuchamos el cantar de las gotas mientras desaparecían por completo en la oscuridad de la noche. Me gustaría dejar salir el trueno que llevo por dentro para que así deje de vivir en mí. Me gustaría bailar, no recuerdo la última vez que bailé con el corazón libre debajo del agua.

Siento que por mis venas corre lo que por años he tratado de ocultar. Me asusta la pregunta: «¿estás bien?» Porque tengo que suprimir las lágrimas para decir que sí. Quisiera que alguien notara el dolor en mi voz porque mi garganta se niega a dejarlo escapar.

El frío de la noche me hace compañía, esperando que cierre los ojos para que yo desaparezca en la humedad de los sueños; mientras tanto aquí estoy queriendo ver los rayos del sol.

La lluvia me relaja y de alguna manera siento que estamos conectadas. Cuando llueve es como si mi dolor no existiera porque el ruido de la lluvia lo silencia, ¿será eso lo que necesito, algo más grande que mi dolor?

He pasado noches solitarias sentada en la cama pensando en cómo podré escapar de lo que me atormenta. Por lo mucho que lo observo, el techo debe pensar que ando buscando en él la respuesta a mi aflicción. Pobre de nosotros los que andamos perdidos buscando una salida, queriendo encontrar el arcoíris después de la tormenta.

La tormenta se acerca y no tengo un paraguas.
La tormenta viene y no sé cómo prepararme para lo que dejará.
La tormenta anda corriendo por el campo buscando mi esencia.

Todos vemos las nubes grises; algunos se ocultan y otros disfrutan cada gota.

Cuando los truenos suenan es porque agua traen, ¿que traen los mios además de agua?

Cuando...

Aún recuerdo el primer «cuando».
cuando nos veamos por primera vez,
cuando te vuelva a ver,
cuando te proponga matrimonio,
cuando nos casemos y ...,
cuando tengamos nuestra primera casa,
cuando tengamos un bebé,
cuando los veamos crecer,
cuando lleguemos a la vejez.
¿Cuándo fue que el tiempo pasó?
¿Cuándo fue que le dejamos de seguir el paso a
los «cuando» prometidos entre caricias,
los que aún viven atrapados debajo de las sábanas,
los que no dejaron la casa,
los que se escaparon,
los que escribimos y no cumplimos,
los que soñamos y no logramos,
los que el futuro no llegará a conocer,
los que siguen esperando a ser creados,
los que nos atormentarán por siempre,
y los que no pudieron ser?

Al final del cuento

Lo peor de leer un libro es que sabes que habrá un final y tratas de hacerlo infinito sabiendo que sus hojas ya están contadas. Así suele suceder con el amor. Vemos como la relación se termina y anhelamos mantenerla con vida por más tiempo –una página más— pero el final no se puede detener.

Cada noche me torturo recordando momentos que se mantienen en el pasado. Culpo al que una vez dijo que las chicas tendrían un príncipe y un final feliz. Nadie vino por mí y me quedé en mi caja de cristal esperando que alguien la rompiera.

Sigo las huellas de un extraño que dejó su rastro en mi puerta.
Sigo los pedazos rotos de su corazón para poder entenderlo.
Sigo la sombra de un ser que no tiene cuerpo.
Sigo al fantasma del ayer.

Algo que el amor y yo tenemos en común es que ambos somos torpes,
ambos caemos una y otra vez en promesas viejas,
ambos nos sostenemos en caricias frías solo para sentir algo,
ambos caminamos en cristales rotos esperando no cortarnos,
ambos sonreímos cuando solo queremos llorar.

La relación había creado paredes con ventanas, y no escapamos. Terminamos atrapados en una rutina. Al final, la esperanza se escapó y nosotros no.

Como un poema él vivirá entre papel y tinta.
Como una canción, su voz se escuchará en el viento.
Como el arte, vivirá en las personas que no conocen su historia.
Mi mundo tiene nombre,
ya he visto todos sus continentes.
El hilo rojo puede estirarse pero nunca romperse,
¿Qué tal si el nuestro se vuelve un nudo?
Por las noches las estrellas esperan que las cuente.
¿De qué se alimenta un corazón roto?

Marzo

Estoy escribiendo en la madrugada, tratando de detener el amanecer que me acecha desde la ventana. Sus ojos me buscaron por la cama, tratando de calentar su alma congelada. Tantas señales de advertencia ignoré porque las verdes siempre me daban el paso. Trato de emborracharme en su querer pero por mis venas solo corren los recuerdos de un ayer, de un febrero sin San Valentín, y un marzo sin él.

Mi alma quiere salvarse de esta miseria pero juntas entramos y juntas saldremos. El frío que empezó en diciembre se extendió hasta marzo y aún espero la primavera. Vivir una historia de cuentos es lo que quería, pero no llegué al baile.
Trato de curar mi herida pero por más que lo intento la cicatriz sigue gritando.

Ya no rogaré un febrero con él y un marzo sin él —prefiero estar todos los meses sola—. Las estaciones pasarán sin dolor. En febrero no quiero tener dudas de lo que pasará el próximo mes.

Busco entre botellas los recuerdos de una noche de borrachera. Como es de esperarse, la resaca me hizo olvidarlo, ¿será eso una bendición? Si algún día muero tratando de encontrarlo, me quedará el consuelo de que en marzo, con una botella y un lapicero en las manos lo recordé mientras nevaba

El escribir es mi escape para olvidarlo pero en cada línea escribo sobre él. El viento grita su nombre, retumba las ventanas y enfría mi alma. Un mar de rosas me quiso hacer y con sus espinas me cortó, un brindis por nuestro amor dio, y con ese mismo lo olvidó, con un anillo nos ató y con ese mismo nos mató.

Marzo se fue, llegó y volverá y así está destinado a serlo. Lo único es que Marzo carga con los recuerdos de la vez que no le gané al amor. No le pedí que se quede, porque eso no se pide. Me quedé esperando a marzo porque él quemó nuestro febrero y la nieve apagó las llamas.

Llegué a desear que nuestros nombres se hubiesen quedado como desconocidos.
Llegué a desear que nuestros labios nunca hubiesen dado aquel primer beso.
Llegué a desear que nuestros dedos no se hubiesen rosado.
Llegué a desear que nuestros cuerpos no hubiesen sido uno.
Llegué a desear que nuestras almas se hubieran quedado perdidas entre hilos.
Me dejó ir como si una sola vida conmigo hubiese sido suficiente. Este marzo llegó y se fue sin huellas de él.

Gen Z

Estamos cansados. Estamos siendo encaminados a perdernos a nosotros mismos. Somos tan jóvenes. Cuando van a entender que somos una nueva generación que está tratando de sobrevivir el hoy, teniendo en cuenta que mañana debemos vivir.

Somos una generación que está corriendo detrás de la salud mental. Somos una generación que está ausente pero que debe estar lista para todo. Queremos ser escuchados, entendidos, y perdonados por no saber que hacer mañana. Los tiempos cambian, dicen que somos una generación de artistas y espero que esto nos salve.

Nos dicen que somos muy jóvenes para estresarnos pero desde que entramos a la universidad tenemos una imagen borrosa de un futuro que debe de estar claro —vivir para dar un ejemplo a la generación detrás de nosotros, pero ¿qué hay de nuestra generación? ¿Qué pasó con aquellos que no lo lograron? ¿Qué pasará con nosotros los que seguimos corriendo?

Padres que no saben lo que es la depresión y se niegan a aprender. Les da vergüenza qué dirán sus amigos si se enteran que su hijo está sufriendo de "eso". Escuchan los gritos hasta que todo vuelve a la "normalidad" e ignoran lo que ocurre detrás de puertas cerradas.
Vivimos en unos tiempos que no aceptan que la depresión es un problema y simplemente aprendemos a vivir con ella. Hacemos bromas sobre una generación suicida, una generación que vive sujeta de un hilo del cual muchos dejan de sostenerse y lo usan como escape.
Intentan comprender porque su hijo está deprimido si lo tiene "todo", pero nunca se detienen a escucharlos y reciben gritos y peleas cuando piden ayuda; por eso

muchos se van en silencio, y otros solo sobreviven con la esperanza de que el dolor no dure para siempre.

Solo queremos sentarnos en la playa a pensar en cómo las olas se alejan, escucharlas chocar entre ellas, escuchar el viento soplar y sentirlo en el rostro, sentir la arena en los dedos y aferrarnos a ella, dar un respiro y que este salga limpio, caminar sin pensar en una hora de regreso. Tenemos el corazón en mil pedazos, y debemos sanar.

Todos hablan de cómo aprendemos de nuestros errores, pero nadie dice lo que te causa el equivocarte tanto. Nos hace más fuertes, pero nos llena de inseguridad.
¿Y si vuelve a pasar? Te preguntas sintiéndote como un fracasado.
Nos cortan las alas, y luego esperan que toquemos las estrellas.

Adiós

Te quedaste porque no podías dejarlo ir.
Te quedaste porque te enamoraste de la idea de un futuro con él.
Te quedaste porque no tenías donde ir.
Te quedaste porque te forzaste a amar todo de él.
Te quedaste por tanto tiempo que ya no sabías si estabas.
Te quedas hasta que ya no puedes.

Fue una gran historia esa que el ayer contó, el presente extraña, y el futuro no conocerá. Los dos, locos de un amor que los llevaba al fondo del mar y ahí los dejaba, un amor de esos que te hace preguntarte si así se debería sentir. El amor era más grande que ellos y terminó matándolos.

El hoy y el ayer van a extrañar la historia. El presente se dará un golpe en el pecho y el futuro dejará de esperarlo. Lo amabas, pero entendiste que ya no te pertenecía. Era solo un recuerdo de la persona de la que te enamoraste.

Tal vez en otra vida vuelvan a encontrarse.
Tal vez en otra vida no tengan que decir adiós.
Tal vez en otra vida sepan amarse.
Tal vez en otra vida la historia siga.

Los mensajes vivirán eternamente congelados en el tiempo, flotando donde el pasado habita, tratando de no ser olvidados, pero el ayer se vuelve en meses y esos meses años. Entonces, el ciclo se rompe y el pasado comienza a ser borroso; un sueño del cual despertaste antes del final.

Los enemigos eran el amor y el tiempo y al final, ellos ganaron y se lo llevaron con ellos.

A veces la vida te da una media sonrisa y te dice:

«¡AGUANTA!»

Los dos pedazos de una naranja

Me enseñaron a amar a medias porque no puedo cargar con el dolor de todos en mi pecho. Aún así, cuando lloro solo encuentro consuelo con un montón de peluches sin vida. Me enseñaron que debo salir más porque soy joven, pero mi generación sufre como adultos. Me enseñaron a nombrar mis defectos. Ahora es todo lo que veo. Hay tantas formas de amar y nunca aprendí la correcta para mí, ahora mi corazón sufre males ajenos. Mi corazón me grita que está lleno pero, ¿cómo vacías un corazón que llenaste de malos momentos, adónde se iría todo ese dolor? ¿A quién lastimará? Y ¿Adónde se fue todo lo bueno?

Te prometen un para siempre pero no sabes de qué están llenos, ¿un para siempre de qué?

Cargo muchas cosas con miedo a perder algo si me detengo. Llevo todo en mi espalda pero mi corazón pesa más. Si me detengo mis pies gritarán del cansancio. Si continúo caminando, siento que me sumergiré en la arena y la única manera de salvarme es dejando ir todo, pero no puedo.

Me enseñaron a amar aunque duela.
Me enseñaron a quedarme a esperar la segunda cachetada.
Me enseñaron a bajar la cabeza.
Me enseñaron a soñar pero desde una celda.
Me enseñaron que si las cosas están caras, debo trabajar más por ellas.
Me enseñaron que si no estudio no soy nadie.
Me enseñaron a amar de lejos.
Me enseñaron que el amor es sangre.
Me enseñaron que el amor es silencioso.
Me enseñaron que algunos amores no se quedan.
Me enseñaron que no debo amar demasiado porque me dolerá la partida.

Me enseñaron que debo llorar pero en silencio.

Me enseñaron que la salud mental se debe quedar ahí, en mi cabeza.

Me enseñaron esto y solo aprendí que el amor son dos pedazos y yo sufro porque decidí amar ambos.

¿Adónde se van las lágrimas cuando caen? ¿Por qué el dolor no se va con ellas?

Ojalá nunca se te olvide que hubo un tiempo en el que ver el cielo te hacía sonreír. Ojalá algún día aceptes tus sueños. Ojalá algún día cuando te pregunten cómo estás, no mientas. Ojalá algún día puedas ver el amanecer y decir que lo lograste. Ojalá algún día puedas ser feliz, ojalá cuando lo hagas no sea muy tarde.

Dejarlo ir

Entiendo que vivir en el pasado solo te puede traer dolor, pero de algunos recuerdos hay que vivir. De algunos recuerdos creces, de algunos momentos aprendes, y te desprendes del lazo; no puedes mantener a alguien que ya se ha ido.

Lo peor de ese amor que llegó en un mal tiempo es que pudiste tocarlo pero no quedártelo. Nos forzamos a dejar ir todo lo que nos duele y terminamos poniendo demasiado esfuerzo en algo que se toma su tiempo. Terminamos culpándonos por no poder seguir adelante cuando todo es un proceso.

«Déjalo ir», dame mi tiempo. Lo haré pero con calma que nadie me espera. Necesito tiempo para sanar. Tiempo para aprender a vivir sin lo que estoy dejando detrás. Lo malo de querer tener más tiempo es que este no espera por nadie, ¿te tardaste? Pues, te quedaste, estamos forzados a seguir adelante sin importar lo que pase.

Todos siempre dicen que «si amas algo debes dejarlo ir». Entiendo por qué lo dicen, pero ¿quién deja ir algo que ama? Puede que tú lo ames, pero sufres porque él no te ama; una flor que se marchita no vuelve a ver la primavera.

Cuando todo se termina, los recuerdos de las primeras veces vuelven. Un beso bajo las estrellas, bailar bajo la lluvia, abrazos sorpresa, y un adiós que nunca dejó la puerta.

Te dicen que llegará algo mejor pero tú solo querías seguir segura en sus brazos. Es mejor que algunas estrellas sean fugaces. La mañana en la que tu cabeza no piense en él, y tu corazón no duela, te darás cuenta que ya su recuerdo no te molestara más.

Me da miedo tener hijos y
que me odien por no saber cómo ser feliz.

Dedos en el corazón

Sostuve mi mano en el aire y el viento sopló fuerte por entre mis dedos. Respiré profundo tomando todo el aire en mis pulmones. No sé qué fue lo que sentí pero desearía experimentarlo todos los días. El viento se calmó y el sonido de los carros hizo eco en el silencio. Bajé mi mano y mis dedos se sintieron pesados. Quise abrazar ese sentimiento y darle un hogar en mi casa disfuncional. No dejamos espacio para nuevas cosas porque siempre vamos cargados. Me asusta querer tener tantas ganas de vivir que se me olvide que la vida es una raíz. Quiero dejar de darle tanta mente y dejarla crecer.

Si sujetas mi mano por mucho tiempo me pregunto cuándo la dejarás ir y tendré que mirarla caer. No puedo forzarte a recordarme, pero mi mano no te olvidará. Sonrió cuando noto tu mano cerca de mi porque mi mano recuerda tus toques y cuando la aprietas tan fuerte que dejas tus huellas en mi. Lo fuerte que suspiro cuando nos tocamos por accidente y nos miramos. Una mirada guarda lo que mis labios se niegan a gritar, «ven por mí».

El viento volvió a soplar y mi mente me recordó que podemos respirar. Quise creer en ella pero, ¿cómo confías en el que sostiene el arma?

Una lágrima se desliza por mi mejilla. Mi sangre hierve camino al corazón, a punto de detonar la bomba. De pronto, siento el frío de sus dedos entrelazados en los míos, y me abraza en silencio; ya había mucho ruido adentro.

Me asusta querer tener tantas ganas de amar que se me olvide que el amor te da aire pero también suele cortar la raíz.

Todos queremos vivir por amor,
pero muchos mueren por la falta del mismo.
Tenemos las armas para pelear mil guerras,
pero nuestro enemigo anda desalmado.
Escucha las palabras que del silencio
están sangrando queriendo ser escuchadas.
Tratamos de cubrir las heridas con una venda
pero terminamos infectando todo nuestro cuerpo.

Estrellas fugaces

Quizás las estrellas fugaces son más que la idea de un sueño que quieres que se haga realidad.

Quizás las estrellas fugaces también simbolizan sueños rotos, y sueños no cumplidos.

Quizás las estrellas fugaces son deseos, y anhelos que se quedaron en el cielo, y algunas veces, vuelven para recordarnos que debemos alcanzarlos.

Quizás las estrellas fugaces cargan con los sueños que vamos a hacer realidad.

Quizás las estrellas fugaces son solo la esperanza cuando todo está a punto de caer.

De lo que nadie habla sobre el proceso de sanación es cuando vuelves y recaes. Vuelves a la rutina sin querer porque es tu zona de comodidad. La misma rutina que se siente solitaria pero te mantiene a salvo. Imagínate pidiendo un deseo a una estrella para poder salir adelante, ¿qué crees que pasará? A veces, cuando pedimos un deseo le dejamos todo a la estrella para que haga el trabajo, cuando en realidad el que hayas pedido el deseo es lo que debe motivarte a cumplirlo.

Dicen que todo llega y todo se va pero, ¿qué pasa en el transcurso? Es el proceso que nos hace cuestionarnos quiénes somos, adónde vamos y de dónde venimos. Es doloroso y tu única compañía suelen ser millones de estrellas y la luna.

Las personas también somos estrellas fugaces. Muchas no están para quedarse. Las vemos, deseamos que se queden, y se marchan. También, duele el mirar el cielo y pensar como tu persona favorita tuvo que formar parte de él. Le damos tanto significado a una roca en el espacio y tal vez eso es lo hermoso y caótico del ser humano.

Tal vez esa parte es culpa de los escritores.

Tal vez porque una vez un chico le dijo a una chica que ella brillaba como una estrella, y ahí empezó todo.
Tal vez las hace hermosas el poder sentirnos que un sueño puede ser cumplido por un deseo.
¿Qué anhelas?

Ansiedad social

«Ojalá pueda volver a verte» le dije al pájaro mañanero que me visita con su canto recordándome que allá afuera sigue habiendo vida.
Ojalá mañana me conforme con solo ver su vuelo.
Ojalá algún día me acostumbre a decir adiós para cuando falte, no llore.
Ojalá el sufrimiento fuera algo que pudiéramos controlar.
Ojalá mañana cuando escuche su canto, yo también pueda ser libre.

Cuando comienzas a disociar y tu mente trata de salvarte, ¿adónde te vas? La libertad es una palabra a la cual todos le damos su propia definición porque este cuarto es mi prisión pero alguien más lo llamaría hogar. Las cuerdas atadas a mi cuello y los barrotes de metal en mis ojos son los sentimientos que me lastiman y me recuerdan que esto no es libertad. El muro que me encarcela está en mi mente y estas paredes blancas son solo el cuarto vacío de alguien que no tiene el control sobre su vida.
Mirar el techo me reconforta. Puedo pintar un universo en él, puedo imaginarme teniendo una historia donde soy feliz, puedo tener la oportunidad de crear una puerta afuera aunque la idea de salir me asuste. Debería contar los días en la pared como recordatorio de que estuve aquí, así cuando alguien pase, no tendrá nada que temer al ver que escapé. Me pregunto cuántos días contaré y que pasará cuando llegue el último.

Anti-social lo llaman cuando no saben que es una condición mental de la cual muchos no podemos escapar. Lo llaman por lo que quieren, por lo que nos lastimará, por lo que a ellos se les ha enseñado que es, por los límites de su ignorancia, por lo que no entienden, y por lo que no preguntan. Nos llaman aburridos, antipáticos, y por muchos nombres más, sin saber que en el fondo peleamos cada día para poner un pie fuera de la casa. Peleamos por respirar cuando se aproxima gente, peleamos con el corazón para que siga latiendo, peleamos con la mente para que nos siga enseñando el camino, y peleamos con las manos para que no nos delaten.

Nos quedamos atrapados entre paredes de cristal, gritándole al que esté detrás para que nos ayude, pero ¿de verdad queremos salir de aquella caja que nos mantiene a salvo de lo que una vez quiso destruirnos?

No nos entienden, ¿cómo podrían hacerlo?
Ellos nunca han visto por la ventana como el mundo sigue sin ellos.
Ellos nunca han visto por la ventana deseando unirse al mundo.
Ellos nunca han sentido que algo por dentro les grita: «estás segura aquí», y en el fondo, no es así.

Ojalá cuando vuelva a ver el pájaro mañana pueda abrir la ventana, respirar y decirle hola.
Ojalá mañana cuando habrá la ventana pueda mirar al mundo y decir: «estoy lista para ti».
Ojalá mañana cuando esté lista pueda respirar.
Ojalá cuando mañana respire fuera de mis paredes pueda decir: «espérame libertad».
Ojalá cuando mañana vea la libertad pueda saber más sobre eso que llaman vida.
Ojalá entonces pueda ser feliz.

10 años después,
y todavía una lágrima escapa
cuando estás por contar tu historia.
10 años después y a aquella flor marchita
aún le quedan pétalos que no se los llevó el viento.
10 años después y al cuento le faltan páginas.

Ahora nuestra historia solo vive en el cielo
junto a miles de historias que se sufren en silencio.
Las despedidas no serían tan malas
si con ellas se fueran los recuerdos.

Lo poco que entiendo

Pensaba que nadie podría amarme. Nunca me imaginé a alguien que quiera perderse entre mis estrías y encontrar donde empezaron. No pensaba que ese tipo de amor existía, por lo menos hacia mí. Mi cuerpo tiene tantos moretones, que querer contar los espacios vacíos es como intentar ver cada gota de agua durante una tormenta.

Sabía que mi cuerpo no tenía un manual.
Sabía que había un terremoto dentro de mí y todo se rompía fácilmente.

El espejo no dejaba de buscarme, preguntando a donde me había ido y porque ahora solo veía las sombras pasar. El espejo ve todos mis defectos y no los oculta, me expone a ver de más. Lágrimas de papel que me cortan las mejillas; cubro mi cuerpo con una manta y me tiro a la cama. Cuando alguien llega a amarte también te preguntas cuánto te lastimará.
Él pasa sus dedos por mi pelo y juega con mis rizos. Mi cabello, es el hogar abandonado del ave que dejó el nido hace tiempo. Me mira a los ojos y me pregunto si él sabe que temo que sus dedos dejen un rastro sobre mis espacios limpios.

Él me dice que me cubra la cara con las manos, y me susurra que no espíe. Abro un agujero con mis dedos y por un instante, veo como me besa los pies con media sonrisa. Quiero saltar de emoción pero, ¿qué tal si eso arruina el momento? Anda todo mi cuerpo mientras la anticipación me carcome y el corazón me pregunta qué sucede.
Cuando se va, cubro mis peluches con su perfume y pido en silencio: «por favor, quédate».

¿Cómo aceptas el amor hacia todo lo que odias sobre ti misma? Él no me enseña que tienen mis marcas que lo hipnotizan. Él dice que es como un cazador de tesoros que ha encontrado una mina. Mientras más lo pienso, menos sentido tiene.

Vamos aprendiendo

Es cierto eso que dicen sobre la tormenta y el arcoíris, sobre el final de cada batalla, sobre la meta, sobre amores inesperados, sobre corazones rotos, y sobre almas encontradas. Todo eso es cierto y todas esas cosas coexisten en mí, todas forman parte de lo que una vez le dijo no a aquella voz que decía que me rinda, de lo que más de una vez trato de matarme, de lo que aún me persigue, de lo que no deja que mi mente se calme, y de lo que vive en mí y que quisiera que me dejara.

Todas esas pequeñas partes que me atormentan se convirtieron en mí porque en su momento no supe como defenderme y terminaron ocupando todo lo que soy. Que habiten en todo mi espacio no les da el derecho de infringir mi paz. Muy bien dijeron que «la esperanza es lo último que se pierde» y es justo lo único que quiero que se quede.

Los años nos pasan y aprendemos de lo que nos duele, lo que nos rompió, lo que no hemos vivido pero ya vive en nosotros, lo que no calla en nuestra cabeza, lo que es insistente, el sueño que quiere ser libre, el temor, el trauma, y los recuerdos.
Terminamos aprendiendo de cada una de esas cosas que nos marcaron sin nosotros querer.
Aprendemos que ahora debemos ser más fuertes aunque solo queríamos estar protegidos en la infancia.
Aprendemos a valorar los momentos de paz, y felicidad.
Aprendemos a vivir sin temor a morir.

Es cierto que no todos los días después que comenzamos a sanar son bonitos, habrán días donde volvemos a recaer, hay días donde el arcoíris no cruza nuestro cielo y la tormenta vuelve, hay días donde no puedes ver la meta y días donde crees que tus sueños solo vivirán en tu cabeza.

El sanar toma su tiempo, así como una rosa se toma su tiempo en florecer, así como el sol se toma su tiempo para salir, así como el pasto cambia de color cuando lo dejas de regar y así como las estaciones del año; todo cambia y el cambio se toma su tiempo pero llega.

Vamos creciendo cada día, tómate tu tiempo para volver a sonreír, para cuando vuelvas a hacerlo tu sonrisa no sea fingida, con una lágrima escondida.

Es cierto que hay cosas que no podemos olvidar y nos marchitan pero siempre viene la primavera después del invierno. Espero que durante este tiempo aprendas a cuidar los nuevos pétalos que no han sido lastimados. Espero que durante este tiempo vuelvas a tocar la felicidad que puede venir de ti o con la ayuda de alguien más.
De esto se trata el crecer, el aprender que hay veces que no puedes sola y otras que solo necesitas estar a solas para encontrarte.

Solo te digo que estás aprendiendo, no nacemos sabiéndolo todo. Nos vamos a equivocar cien veces, pero por lo menos tratamos y eso es lo que importa. Aquello que nos asusta es lo mismo que nos mantiene prisioneros. Espero que algún día aprendas a no quedarte dentro de la caja y puedas escapar de estas paredes de cristal. Tómate tu tiempo, yo también lo estoy haciendo.
¡Te dije que no estabas solo!

Algún día, me voy a levantar y gritar: «jódete, depresión».

Biografía

Kimberly Veras es una escritora dominicana que encontró su amor por la lectura desde muy joven y comenzó a escribir cuando estaba en el colegio. Algunos de sus escritos que han sido publicados y ganado concursos son: «The Yesterday I Called Today" publicado por Writopia Publishing Lab. «It is A Mad World», and «The Thunders» parte la antología, The Literary Journal of BCC, en la cual ella fué editora y contribuyente. Un año más tarde, el mismo club editorial de la universidad, eligió lo siguientes para su antología: «I'm Dominican», «Gen-Z», «I didn't try», y «come back home». Algunos de sus escritos que ganaron concursos incluyen: primer lugar en concurso «In the Eye of the Hurricane!» y tercer lugar meses más tarde con el poema «A Piece of Sky» en el concurso de Spoken Word en la universidad. «La oveja negra tiene sentimientos» parte de la antología «De eso no se habla» de Dominican Writers. Y lo más reciente, «La costa del soldado» en Spanglish Voces.